Nummer 1

Pillo

W0240776

Der Entscheidungshelfer

Wollen Sie wissen, wie Sie <u>sofort</u> jede Entscheidung treffen können?

Holger Jonas

Ra Verlag

2. Auflage: Juni1999

© 1999 **Ra-Verlag**
Hermann-Clausen-Straße 39
24837 Schleswig

ISBN 3-89 539-036-4

Alle Rechte der Verbreitung, auch durch Funk, Fernsehen, Internet, fotomechanische Wiedergabe, Tonträger jeder Art und auszugsweisen Nachdruck, sind ausdrücklich vorbehalten.

Diese Arbeit ist meiner Frau und
meinen Kindern gewidmet, die immer
nur mein Bestes im Auge haben.

Inhalt

Danke!

Vielen Dank an alle, die mich so intensiv unterstützt haben, um für Sie dieses Büchlein fertigzustellen, denn sonst wäre es jetzt nicht bei Ihnen. Meine Frau und meine Kinder haben mir den Weg geöffnet für Einsichten und Anschauungen, die ich ohne sie sicher niemals bekommen hätte. Meine übrige Familie hat mich losgelassen und mir dadurch viel Freiheit gegeben. Meine älteste, jüngste Freundin Hilde hat mir stets viel Beistand gegeben. Pascale hat mich davor gerettet, eines Tages auf der Straße übernachten zu müssen. Jo half mir durch Schwimmen, nicht unterzugehen. Bei Inge und Peter bekam ich immer einen freundlichen Kaffee und ein Glas Wasser. Charleen hat mir gezeigt, daß man mit zwei Jahren noch Einsichten hat, die irgendwann verloren gehen. Frederic hat mit seiner liebevollen Art Häreneindrücke hinterlassen. Michi hatte immer eine offene Tür; durch sie bekam ich den Mut, das Buch zu veröffentlichen. Angelika und Bernhard hatten viel Geduld, als ohne ein Wort die Entscheidung (mit Entscheidungshelfer!) fiel, die aktive Mitarbeit in ihrem Geschäft einzustellen. Ohne Monika wäre nicht ein einziges Komma in diesem Text richtig gesetzt. Viele Menschen haben mir mit ihrer Zuneigung und/oder ihrer Ablehnung immer wieder den richtigen Weg gezeigt. Meine Hunde haben mir gezeigt, daß man ohne Vorbedingung lieben, spielen, schlafen und mit viel Freude an kleinen Dingen leben kann. Pillo hat mir immer beigestanden, mich motiviert, mit mir gelacht und geweint. Die besten Trainer und ihre Werke gaben mir entscheidende Hinweise, u.a. Richard Bach, Dale Carnegie, René Egli, Milton Fisher, Leslie Fieger, Erich Fromm, Thomas Gordon, Louise L. Hay, Rudolf Hege, Hergé, Laotse, Wally Minto, Dr. Joseph Murphy, Faith Popcorn, Anthony Robbins, José Silva und Hans-Peter Zimmermann.

Leerkapitel

Dieses ist ein leeres Kapitel und es wird auch leer bleiben, bitte einfach weiterlesen ...

Vorwort

Herzlichen Glückwunsch! Sie haben schon jetzt mehr als zehn Prozent aller Menschen, die ein Buch kaufen oder erhalten, geleistet: Sie haben das erste Kapitel bereits erfolgreich hinter sich gelassen.

Als **Pillo** mir sagte, daß ich diese Arbeit zu tun habe, wollten wir gleichzeitig erreichen, daß sich einige Dinge in dieser Welt auf einfache Weise verändern können. So erhielt ich die Idee mit dem ersten, dem Leerkapitel. Banal? Ein Trick? Die reine Show? Albern? Es ist egal, Sie haben jetzt das erste Kapitel hinter sich. Es hat funktioniert.

Einige Dinge sind so einfach, daß wir sie nicht wahrhaben wollen. So einfach kann es nicht sein? Es ist so einfach! Die Welt ist perfekt einfach, wenn wir es zulassen. Es gibt so viele schöne Dinge um uns herum, die nur zu unserem Vergnügen da sind. Wir müssen sie nur sehen und fühlen. Und wir entscheiden, was um uns herum existiert. Unsere Gedanken steuern unsere Wahrnehmung. Falls Sie es glauben, haben Sie Recht. Falls Sie es nicht glauben, haben Sie auch Recht. Das ist auch wissenschaftlich bewiesen, schauen Sie einmal unter "Quantenphysik" nach.

Erinnern Sie sich einmal ein paar Jahre zurück. Sie waren etwa zwei Jahre alt. Was haben Sie damals alles entdeckt? Ihnen war es egal, welche Kleidung sie trugen; manchmal war es kalt, manchmal war es naß, na und? Ihnen war es egal, wie einige Menschen auf Sie zugingen, erst einmal waren Sie zu jedem freundlich und liebenswert. Sie konnten lachen, auch wenn Sie gerade in einen Dreckhaufen gefallen waren. Und Sie haben immer im Augenblick gelebt. Nicht gestern und nicht morgen.

Sie haben alles sofort entscheiden können. Ohne lange darüber nachzudenken. Können Sie sich auch heute noch immer sofort entscheiden? Müssen Sie darüber schlafen? Manchmal tagelang darüber brüten? Was bringt es Ihnen? Kennen auch Sie jemanden, der eine Entscheidung schon ein Jahr oder länger nicht trifft und sich damit kostbare Lebenszeit raubt? Haben Ihre fundierten, wohlüberlegten Entscheidungen Ihr Leben immer positiv verändert? In diesem Büchlein erhalten Sie unter anderem eine praktische Anleitung, um jederzeit sofort entscheiden zu können. Große und kleine Entscheidungen, es spielt keine Rolle. Sie erhalten die Macht zurück, die Sie einmal hatten. Sie erhalten einen stets funktionierenden

Entscheidungshelfer,

der Ihnen immer und in jeder Situation hilft.

Ab und zu wundern wir uns, was der Entscheidungshelfer als Entscheidung vorschlägt. Lassen Sie es zu. Denn die eigentliche Entscheidung haben Sie bereits gefällt, nur eben nicht mit Ihrem bewußten Denken. Aus einer höheren Sicht, vielleicht viel später, vielleicht nie in diesem Leben, werden Sie erkennen, daß die Entscheidung ihren Sinn hatte, denn sie war immerhin - eine Entscheidung. Auf jeden Fall wurde sie sofort getroffen, ohne Zeitaufwand, was Ihnen einen großen Vorsprung gegenüber jedem langen Entscheidungsprozeß gegeben hat. Sie haben Ihr Leben wieder ein Stück mehr in die Hand genommen. Sie haben Ihre Macht zurückerhalten. Tun Sie etwas damit!

Weder der Autor noch der Verlag übernehmen Verantwortung für Ihre Entscheidungen.

Was Sie tun, ist ganz allein Ihre Sache!

Er ist wieder da!

Was ist denn das auf einmal? Mitten durch den Sonnenuntergang kommt ein kleiner Hubschrauber geflogen. Kann es sein? Fast zehn Jahre war er nicht da. Und dann noch durch den offiziellen Anflugkorridor für den Flughafen, direkt über der Elbe!

Tatsächlich - er ist wieder da. Zum Glück kann ihn keiner sehen. Kann ihn wirklich keiner sehen? Ich kann ihn doch auch sehen. Alle schauen auf den Containerriesen der YANG MING LINE. Es wird jetzt bald dunkel. Das geht schnell um diese Jahreszeit, die von Eisgang auf der Elbe und Schnee am Strand beherrscht wird. Schnell wird der Hubschrauber zusammengeklappt. Das kann er immer noch so gut wie damals. Zack, weg ist er!

Darf ich vorstellen, dies ist Pillo und das ist Lady, die Blonde mit den braunen Augen. Lady guckt kurz hin, schnüffelt an Pillo herum, interessiert sich dann aber mehr für die Enten, Möwen und vor allen Dingen für vereiste Brotreste oder anderes Freßbares. Sie ist halt eine Labradordame, wie sie im Buche steht.

Lange war er nicht da, der Unbeschreibbare, der Unerklärbare. Früher kam er nur, wenn ich mit den Kindern allein war. Oder er kam wie jetzt, wenn ich ganz allein war. (Wirklich? Ganz allein? Entschuldige, Lady.). Selbst wenn es manchmal nur Sekunden waren, denn irgendwie kann Pillo die Zeit anhalten.

Vor ein paar Tagen kramte ich in meinen Erinnerungen. Plötzlich waren starke Gedanken an Pillo da. Ein kurzer Tagtraum, eine Episode in einem nächtlichen Traum? Na immerhin! Hat das sein Erscheinen heute bewirkt?!

„**Hallo**, weißt du, wie lange ich nicht bei dir war?", fragte Pillo. „Paß jetzt 'mal auf: **Du mußt die Geheimnisse aufschreiben**, ohne mein

Äußeres zu beschreiben oder es zu erklären, sonst kann ich nie wieder zurückkommen. Nur du denkst noch an mich. Wenn keiner mehr an mich denkt, also auch du mich vergißt, bin ich im Niemandsland des Vergessens gefangen. Also schreib' gefälligst unsere wichtigsten Geheimnisse auf, damit irgendeine wohlwollende Mutter, ein liebender Vater, ein sorgender Onkel, eine mitfühlende Tante, eine offene Oma, ein alleswissender Opa oder ein zufälliger, aber weitblickender Babysitter die Geheimnisse weitererzählen kann. Nur so kann ich aus der Gefangenschaft befreit werden.
Also noch 'mal: Du fängst sofort an zu schreiben. Das erste Thema ist dein Entscheidungshelfer, den du vor Jahren von mir erhalten hast. In deinem alten Auto liegt die Kladde, die du heute gekauft hast. Fang jetzt an! Hinter dir liegt das Strandhotel. Ich melde mich demnächst!" ...Und weg ist er! Er verschwindet über der Elbe.

Was ist das für eine Aufregung? Haben die anderen Leute um mich herum ihn jetzt doch gesehen? Nein, die sprechen von einem Delfin in der Elbe. Ach so - und ich dachte schon ... Moment 'mal! Wie bitte? Ein Delfin in der Elbe? Mitten im Winter? Wenn Pillo da nicht seine Finger im Spiel hat! Aber die Leute beruhigen sich schon wieder. Also doch kein Delfin.

Ja, das ist typisch Pillo: Er meldet sich demnächst ... Wann wird das wohl sein, wieder erst in zehn Jahren oder schon in zehn Stunden? Für ihn hat die Zeit eine andere Bedeutung als für uns. Okay, ich muß die Strandtreppe 'rauf zum Auto und die Kladde holen. Jetzt weiß ich wenigstens, wofür ich so etwas Altmodisches heute gekauft habe. Lady guckt mich an, als wir am Hotel vorbei nach oben gehen. Sie würde lieber ins Strandhotel, schon wegen der Kekse. Sie freut sich daher, als es vom Auto wieder die Strandtreppe 'runter geht. Also - ich werde sofort anfangen zu schreiben, hier und jetzt, damit Pillo nicht im Niemandsland der Vergessens landet ...

Das war ganz schön viel auf einmal. Aber er hat ja recht.

Hallo, wer bist denn Du? Ist das okay, wenn ich „Du" zu Dir sage? Schließlich bist Du bestimmt ein Freund, denn sonst würdest Du ja nicht diese Zeilen lesen, die Dich in die Geheimnisse des

Universums einweihen - oder die Geheimnisse aus Deinem Inneren wieder herausholen. Denn **Du weißt alles**. Wenn Du kein Freund bist und diese Zeilen trotzdem liest, ist das Deine Sache. Es kann passieren, daß Pillo Dich besucht und erstaunliche Dinge mit Dir passieren. Was heißt "es kann"? Vielleicht ist er schon im Anflug? Schau 'mal zum Fenster. Siehst Du irgendwo einen kleinen Hubschrauber? Oder sitzt er schon neben Dir? Siehst Du nichts, dann mach die Augen zu. Halt! Zum Weiterlesen mußt Du sie aber aufmachen und hellwach bleiben.

Stell Dir vor: Wir sitzen zusammen im weißen Strandhotel, damit ich Dir jetzt die **Geschichte zum ersten Geheimnis** erzählen kann. Vor den großen Fenstern fahren die kleinen und großen Pötte (Schiffe - für die Binnenländer). Draußen weht ein kalter Wind über den mit Schnee bedeckten Strand. Am Elbufer liegen ineinander verschachtelte Eisschollen.

Hier drinnen ist es warm. Im Kamin brennt knisternd das Feuer. Der rote Samt an den Fenstern paßt zu der Wärme, die ich empfinde. Lady hat ihr Wasser von der Weißbeschürzten bekommen und guckt zufrieden und hellwach in die Runde. Vielleicht kommt ja doch noch ein Keks mit einer freundlichen Bedienung vorbei. Im Hintergrund die leise Musik und die gedämpften Gespräche der anderen netten Gäste. Auf den Tischen flackern sanft Teelichter in Gläsern. Die schlanke -ehemals Ballett tanzende- Bedienung mit dem freundlichen Wesen fragt, ob alles in Ordnung sei. Am Nebentisch wünscht sie noch einen schönen Abend.

So - jetzt reicht es. Wenn Du die Atmosphäre noch besser spüren willst, fahr' doch einfach 'mal nach Blankenese. Du hast keine Zeit? Bist gerade auf dem Weg nach Blåvand, Südafrika, Amerika, Tonga, China oder sonstwohin? Gut, dann laß' Dir eine Tour nach Hamburg buchen oder bringe nur Deine Gedanken hierher.

Die Stimmung zwischen Tag und Nacht mit den durch die Dunkelheit täuschenden Lichtern auf dem Wasser ist genau richtig für die Geschichte von **Pillo** ...

Die erste Begegnung

Das erste Mal, als Pillo uns als Familie besuchte, war auch solch eine Zeit zwischen Tag und Nacht. Unten rauschte der Verkehrslärm des ausklingenden Tages auf der Bürgerweide.

Mareike Elisabeth und ich sahen ihn auf einmal zwischen den Häusern herumfliegen. Uns war klar: Der sucht uns. Jetzt - er sieht uns. Das Fenster! Nein, da fliegt er mit seinem Hubschrauber doch glatt durch die Scheibe - und zack - das Glas! Das gibt's doch nicht, er ist drinnen und lächelt ... Die Scheibe ist heil! Ich staune. Nur Mareike freut sich einfach und wundert sich kein bißchen, daß die Scherben nicht durch den Raum geflogen sind. Sie weiß noch nicht, daß normalerweise nicht mit Hubschraubern durch Scheiben geflogen wird ...

„**Hallo**, Ihr beiden! Ich bin Pillo. Danke, daß Ihr mich hergeholt habt." Jetzt kriege ich wieder Luft: „Wir dich? Wir dachten, du suchst uns?" „Sag' ich doch. Eure Gedanken waren meine Steuerung für den Landeanflug. Du solltest das eigentlich wissen, schließlich bist du doch jeden Tag mit Computern auf Du-und-Du." Ich bin verblüfft. „Augenblick, woher weißt du denn, daß ich mit Computern arbeite?" Der Kleine lächelt nachsichtig: „Stell dir vor, ich bin in der Lage, alles zu wissen, was ich wissen will. Ich gehe einfach in deine Gedankenwelt und zapfe sie an. Einfacher kann ich es dir nicht erklären. Nimm es 'mal einfach so hin."

Ich und einfach hinnehmen? Wie stellt er sich das vor? Ja gut, der Trick mit dem Fenster war schon nicht schlecht. Bisher kannte ich niemanden, der durch Fenster fliegen kann, ohne daß diese zerbrechen. Und Du, lieber Leser, ist das für Dich schon alles 'mal dagewesen? Hast Du so etwas schon erlebt? Also - für mich hatte Pillo erst 'mal ein paar Punkte gut.

Mareike freut sich über das Erscheinen des kleinen Kerls. Pillo. Ein merkwürdiger Name. Für mich ist das die willkommene Abwechslung des heutigen Tages. Das gibt es sonst nur im Kino oder Fernsehen.

Jetzt will ich es wissen: „Warum bist du heute zu uns gekommen?" Pillo lächelt mich an (kennst Du so ein Lächeln, das sagt: „Ich weiß, daß es für dich schwer zu verstehen sein wird"?) und meint dann nur: „Ich bin der, der dir hilft alles zu erreichen, was du willst." Ach so, wenn es weiter nichts ist. Alles, was ich will!? Ich sitze hier mit einem Kind und meiner Frau in einer Sozialbauwohnung, ein zweites Kind ist unterwegs, und Pillo kommt einfach daher geflogen und - schwupp, jetzt erreiche ich alles, was ich will. Na toll - und das mir - aber Augenblick 'mal! Wie war das eben mit seiner Landung? Das war toll! Vielleicht kann Pillo ja doch noch viel mehr, als ich im Moment annehme.

Das ist schon eine verrückte Situation. Was soll ich dazu sagen? Jetzt ist eine schnelle Entscheidung gefragt. Pillo sieht mich an. Liest er schon wieder in meinen Gedanken? Klar. Als wenn ich mit ihm sprechen würde:

„Was du brauchst, ist ein Entscheidungshelfer!"

Genau, das ist es: „Gut, irgendwie vertraue ich dir. Ich habe das Gefühl, dich schon lange zu kennen." „Du kennst mich schon dein ganzes

Leben. Hier ist dein Entscheidungshelfer, der immer funktioniert." Dann kommt eine kurze Erklärung - und schon habe ich den Entscheidungshelfer in der Hosentasche. Sofort probiere ich ihn aus: Okay, der Entscheidungshelfer sagt, ich könne ihm vertrauen.

Jetzt 'mal sehen, was als nächstes kommt. Mareike scheint Pillo zu mögen, denn sie lacht und jauchzt. Viel mehr kann ein Kind von knapp einem Jahr auch nicht äußern.

Was ist jetzt? Pillo startet wieder: „Ich komme wieder, wann immer du mich brauchst. Denk einfach an mich." Und weg ist er! Einfach so. Natürlich wieder durch die geschlossene Scheibe! Natürlich?

„**W**as macht ihr denn hier für einen Krach?" Meine bessere Hälfte kommt aus dem Bad. Das kann ich ihr unmöglich sagen - oder doch? Würde sie mich für verrückt halten? Sicher bin ich etwas überdreht, schließlich habe ich die letzten Wochen Tag und Nacht gearbeitet. „Wir hatten Besuch von Pillo. Er flog draußen mit seinem Hubschr...." „Ja, ja, und im Himmel ist

Jahrmarkt." Dieses Thema werde ich also erst 'mal weglassen. Ich kann ja Pillo jederzeit rufen, zumindest hat er das gesagt. Ich werde das probieren.

Irgendwie brauche ich jetzt Zeit, ich muß allein sein. Das muß ich erst 'mal verdauen. Also muß ich dringend ... Ja, was muß ich dringend? Klar! ... Etwas aus dem Keller holen.

Unten sitzt Pillo und wartet schon. Jetzt wundere ich mich schon nicht mehr. Er mußte wissen, daß ich in den Keller kommen würde, schließlich kann er in meinen Gedanken lesen. Das hat er wenigstens behauptet.

Jetzt erzählt er mir ausführlich eine Geschichte von einem Generaldirektor aus den USA, der immer für seine weisen Entscheidungen bewundert wurde. Als er den letzten Tag für seine Company tätig war, hat er das Geheimnis für eine kleine Anzahl von Menschen gelüftet. Er habe immer seinem Entscheidungshelfer vertraut. Solch einem, wie ich ihn jetzt in der Tasche habe. Mit Hilfe des Entscheidungshelfers wurde immer sofort über kleine und große Dinge entschieden. **Sofort!** Das war das Erstaunliche! Man bewunderte seine Intuition. Andere Direktoren brauchten lange Zeit, um Entscheidungen zu treffen. Als nun am letzten Tag das Geheimnis gelüftet wurde, gab es nur wenige, die bereit waren, das Unwahrscheinliche zu glauben. Die meisten lachten darüber und glaubten gar nichts. Es war ihnen einfach - zu einfach!

Ein damals kleiner Angestellter glaubte und begriff den Vorteil, der darin liegt, sofort zu entscheiden. Der amerikanische Traum wurde für ihn Wirklichkeit. Heute ist er in seinem eigenen Unternehmen Generaldirektor. Lohnt es sich also, den Entscheidungshelfer zu benutzen? Diese Geschichte hat mich überzeugt!

Seit diesen Minuten habe ich den

Entscheidungshelfer

im ständigen Einsatz.

Der Entscheidungshelfer im Alltag

Seit Stunden bin ich allein mit dem Computer-System und den Vorgaben für die Programme, die ich nach erneutem Durchdenken und Abwägen immer wieder erweitere. Es ist toll, ein Ding zu beherrschen und gleichzeitig beherrscht zu sein von dem Ehrgeiz, außergewöhnliche Lösungen zu schaffen. Ist es nicht ein wenig verrückt, zwei Stunden an der Lösung der optimalen Bildschirmanzeige zu arbeiten - nur für mich?! Natürlich weiß ich, daß wieder einmal "kein Schwein" merkt, welcher Aufwand hinter dieser Verbindung der Daten steckt.

Noch eine Stunde, dann kommt der neue Tag und mit ihm Peter mit dem LKW aus Kiel. Dann gibt Peter sicher wieder einen Kakao aus dem Automaten aus. Auch nicht der Hit, aber nach der dreißigsten Virginia-Zigarette bestimmt nicht ungesünder als der „blaue Dunst". - **„Sag einmal, wie fühlst du dich?"**, fragt auf einmal jemand in dem menschenleeren

Laden. „Verdammt, du sollst mich nicht so erschrecken!" Das ist jetzt die dritte Nacht, in der Pillo mich besucht. „Hast du keinen anderen, den du erschrecken kannst?" Oh, Mist, das war die falsche Frage, jetzt wird Pillo wieder nachdenklich. Gestern hat er mir erzählt, daß Mareike und ich die einzige und letzte Chance für ihn seien. Warum das so ist, habe ich nicht begriffen. Er sagt, ich werde es noch verstehen, wenn er mich etwas schlauer gemacht hat ...

„**Ich fühle mich wie zwei Seelen**, gleichzeitig einfach super und total kaputt. Und irgendwie freue ich mich über deinen Besuch. Die Nächte mit "meinem" System sind manchmal ein wenig leer."

„Hast du eine Zeitung gekauft? Hast du die Anzeigen der Häuser, die jetzt für dich bereit stehen, schon durchgesehen?" Das ist Pillo! Ich kann es nicht glauben! Er sagt einfach, ich habe demnächst ein schönes Haus, wenn ich es will. Ich solle nur etwas Energie aufwenden, und dann komme das Haus meiner Wünsche. Nur die Entscheidung fällen, das sei alles. „Ich habe keine Zeitung gekauft. Ich bin tagsüber nicht einmal draußen gewesen. Warum fragst du? Du weißt es doch sowieso! Du bist ja immer irgendwie bei mir, auch wenn ich dich gerade nicht sehe. Ich spüre manchmal deine Nähe."

„Ach, der Herr glaubt also doch an Dinge, die er nicht sieht? Okay, du hast Recht. Heute war sowieso nichts in der Zeitung für dich. Trotzdem solltest du sie kaufen und lesen. Du mußt Energie in die Suche investieren, sonst bekommst du dein Traumhaus nicht. In deiner Wohnung lebst du doch wie ein Tiger im zu engen Käfig."

Jetzt denke ich: „Mein Traumhaus ... Am liebsten würde ich das Haus besitzen, in dem ich groß geworden bin. Eine uralte, halb marode Villa in Marienthal. In dem Haus habe ich den größten Teil meines Lebens verbracht. Gelacht, geweint, gespielt, Nächte durchgearbeitet, mit meinem Hund gelebt, bin von einem Hahn attackiert worden, habe geliebt und bin geschieden worden, habe tolle Feste und Beerdigungskaffees erlebt ... usw. Den Rest werde ich Dir später erzählen.

Froh wäre ich schon, wenn die Wohnung halbwegs auf Vordermann wäre. Schließlich kommt bald unser zweites Kind. Ich will die Wohnung umbauen, verschönern, erträglicher machen. Aus dem Schlafzimmer das Kinderzimmer machen. Das Kinderzimmer als Schlafzimmer herrichten. Alles mit Einbauschränken. Gern hätte ich ein vernünftiges Auto und ein zweites für meine bessere Hälfte. Mit zwei Kindern hätte sie es dann leichter. Und im Beruf soll es richtig Spaß machen und auch noch viel Geld einbringen.

Halt! Heute habe ich den **Entscheidungshelfer** ja dabei. Und zack, eine Entscheidung nach der anderen wird gefällt. Auf einmal ist alles innerhalb von Sekunden klar. „Okay, okay, dann eben deine kleinen Wünsche zuerst. Deine Gedanken werden dafür sorgen, daß es geht." Jetzt hatte ich glatt vergessen, daß Pillo in meinen Gedanken liest, als ob ich mich mit ihm unterhalte. „Wann soll das alles fertig sein?" "Also gut, Pillo, das soll in einem Jahr alles geschafft sein." „Das ist ja leicht. Wenn du jetzt nicht noch mehr willst, dann erst einmal das."

Typisch Pillo, „**das ist leicht**". Das sagt sich so einfach. In der Firma geht es mir ja nicht schlecht. Vielleicht kann ich doch mehr Gehalt durchdrücken. Freiheiten habe ich wie kein anderer. Keiner kann so richtig beurteilen, was ich leiste. Dafür arbeite ich auch eine idiotische Stundenzahl. Und dann werden Überstunden eigentlich nicht bezahlt. „Eigentlich." - Wir lassen uns dafür immer etwas einfallen. Mein Boß fühlt vielleicht irgendwie, daß ich etwas Besonderes leiste, denn Ahnung hat er nicht von dem, was ich tue. Vielleicht mag er mich auch, weil wir in etwa gleich alt sind. Abends bin ich mit ihm häufig allein im Laden. Dann kann er, unbemerkt von anderen, eine Zigarette bei mir schnorren, da er ja "nicht mehr raucht". Ein bißchen klönen, ohne den Chef 'raushängen lassen zu müssen, ist dann auch drin.

Irgendwie bin ich also für das Unternehmen wichtig. Dann kann ich auch mehr Geld verlangen. Warum sollte mir das peinlich sein? Wenn Pillo so sicher ist, daß ich alles erreichen kann, dann kann gleich morgen früh der erste Test laufen. Schließlich kommt bald der zweite Nachwuchs, und auch der will etwas auf dem Tisch haben. Die Sache mit den Autos muß ich auch noch anleiern. Und meine bessere Hälfte muß das am Ende auch mittragen.

Der Entscheidungshelfer wirkt Wunder

„**D**u bist verrückt! Ein Auto wäre schon toll - aber das geht nicht." Damit ist das Thema für meine bessere Hälfte erledigt. Aber nicht für mich. Mein Entscheidungshelfer hat mich bereits unterstützt.

„Wenn du weißt, daß du es willst, dann geht es auch.

Du wirst sehen." Seit Tagen unterstützt Pillo mich durch direkte Ansprache mit Gedankenübertragung. Er ist bei mir, ohne daß ihn jemand sieht. Nur bei Mareike und anderen kleinen Kindern müssen wir vorsichtig sein, denn kleine Kinder können ihn manchmal spüren.

„Gut, dann mache ich das." „Was machst du?", fragt meine bessere Hälfte. Jetzt habe ich tatsächlich laut gesprochen. Die Sprache nur über Gedankenübertragung kann ich noch nicht gut. „Ich habe nur laut gedacht!" Etwas besseres fällt mir nicht ein.

„Ich werde jetzt das Bad ausmessen, und ab dem Wochenende wird dort renoviert. Ich will ein paar Einbauten machen mit indirektem Licht und einem selbstgebauten Spiegelschrank." „Gut, aber mache das nicht so kompliziert, es reicht doch, wenn ..." Das ist immer der Moment, in dem meine Ohren auf Durchzug geschaltet werden. Ich kann dann einfach nicht hören, selbst wenn ich will.

Wenn ich auch noch erzählen würde, daß aus dem Spiegelschrank über Dimmer gesteuertes Licht aus kopfverspiegelten Birnen kommt und daneben ein Radio eingebaut wird, das über einen Minischalter mit einer kleinen roten Kontrolleuchte geschaltet wird, hätten wir lange Diskussionen. Und das dauert mir zu lange. Denn wenn fertig ist, was ich so an Ideen habe, finde ich regelmäßig Zustimmung von meiner besseren Hälfte.

Nun schlaf' mal nicht ein! Du, lieber Leser, willst wissen, wie das geht mit dem Entscheidungshelfer? Es ist ganz einfach.

Kannst Du die Wahrheit vertragen? Weißt Du um die größten Geheimnisse dieser Welt? Dann weißt Du auch, daß die Welt sehr einfach und direkt funktioniert. Es gibt ein paar universelle Gesetze, die man kennen sollte - oder besser, die man spüren sollte.

Wie ist das mit Deinen Entscheidungen?
Sind die groß? Viel größer, als ein Bad zu renovieren? Willst Du Dein Leben ändern? Hast Du vor, die Welt aus den Angeln zu heben?
Gut! Warte noch einen Moment damit, die Welt zu bewegen. Was ist mit Dir? Meine Entscheidung war damals: Jetzt wird das Bad renoviert! Ruck-zuck! Na ja, nicht ganz ruck-zuck. Aber drei Wochen später war es fertig. Und es war toll. Für die Familie und mich! Allen hat es gefallen.

Und ein wenig später war dann das zweite Auto da. Es ging, nachdem klar war, daß es gehen sollte. Das Wichtige war nur die Entscheidung, es zu tun. Der kleine Rest ging von allein.

Und so ging es weiter. Nachdem Pillo mir den Entscheidungshelfer gegeben hatte, benutzte ich ihn jeden Tag. Es war egal, ob die Entscheidungen groß oder klein waren. Er hatte jedesmal mitzureden.

Halt! Dieses Büchlein ist ein komplettes Werk. Also enthält es auch einen Entscheidungshelfer für Dich. Er sieht genauso aus wie meiner, den ich von Pillo erhalten habe. Für Dich wird es in Zukunft keine Schwierigkeiten bei Entscheidungen mehr geben. Bist Du schon bereit dazu, über Dein Leben komplett selbst zu entscheiden. Oder gibt es da noch **„wenn"** und **„aber"**? So einfach kann es nicht sein?

Bei Dir sei alles anders, weil da doch diese oder jene besonders widrigen Umstände seien. Sagst Du: „**Ich weiß ja eigentlich genau, was ich jetzt will, aber es geht noch nicht, weil ...**, aber wenn ..., dann ...**?!**" Ich habe Dich jetzt verstanden, aber lies erst einmal weiter, bitte.

Bei mir waren dann in immer kürzeren Abständen Entscheidungen zu treffen. Eines Tages kam das zweite unserer wunderbaren Kinder.

Christine Magdalene war da, ohne daß wir einen Entscheidungshelfer brauchten. Sie hatte den Weg zu uns gefunden, und wir waren glücklich.

Jetzt wurde schnell an der Wohnung gebaut. Und nach kurzer Zeit waren beide Kinder so groß, daß der "Tigerkäfig" immer enger wurde. Eine der größten Entscheidungen stand an. Ich suchte fast zwei Jahre in Hamburg und in der Umgebung nach einem Haus für uns. Die Kinder waren immer dabei. Am Ende sollte Pillo recht behalten. Er hatte es ja schon vor Jahren gesagt. Die alte Villa in Marienthal war auf einmal unsere.

Alles fügte sich nahtlos. Langjährige Mieter boten von sich aus an, das Gebäude zu verlassen - an dieser Stelle noch einmal Danke dafür. Plötzlich ging es wie von selbst. Und passiert ist es eines Abends auf der Heimfahrt von der Arbeit. Der Entscheidungshelfer war natürlich dabei. Ich fragte ihn einfach: „Kann ich mein Wunschhaus bekommen?" Er sagte: „Ja." Das war alles. Pillo hatte mir einst gesagt, daß ich Jahre verschenke, wenn ich mich nicht einfach und ohne Kompromisse entscheide. Nun,

die Jahre waren ins Land gegangen, und sie waren sicher wichtig für uns alle. Auf jeden Fall waren sie vergangen.
Hast Du schon einmal ein hundertdreißig Jahre altes Haus umgebaut? Der Entscheidungshelfer wurde nicht mehr eingepackt. Permanent waren Entscheidungen zu fällen: Da ging es um ein neues Dach, Heizungen, Wasser, neue Gasleitungen, Bauanträge, Ausnahmegenehmigungen! Es nahm einfach kein Ende. Irgendwann hatte ich viele Erfahrungen gesammelt und viele Menschen kennen und schätzen gelernt.

Es gab neue Menschen in unserem Leben, und alte gingen. Meine Mutter verließ uns und mit ihr ein Ratgeber der „alten Schule". („Bedenke dieses und jenes, entscheide nie direkt, überschlafe es immer, höre auf deinen Verstand.") Es war damals schwer für mich, sie loszulassen, als sie nicht mehr unter uns weilte. Heute weiß ich, daß ihre Zeit auf dieser Erde in die Länge gezogen wurde, weil sie festgehalten wurde. Von Ärzten, aber auch von mir. Es dauerte lange, bis ich gelernt hatte, loszulassen. Nie hat sie meinen Entscheidungshelfer gesehen, nie habe ich mit ihr darüber gesprochen. Sie hat nur die täglichen Konsequenzen gesehen. Das Haus erlebte eine vollkommene Renovierung, es wurde eines der schönsten in der Gegend. Es war ein Heim für uns, ein richtiges Zuhause, in dem drei Generationen lebten.

Eines Tages standen dann tolle Autos vor dem Haus. Und wir konnten darüber verfügen. Es gab ein Klavier und einen Hund. Die Kinder feierten Feste im Garten. Und sie spielten im Garten mit Freunden aus der Gegend.

Dann war plötzlich der Job in der Firma in Gefahr, so wie es heute an der Tagesordnung ist. Da werden halt Firmen zusammengelegt. Drei Jahre haben wir daran gearbeitet. Auf Nachfrage sagte mein Entscheidungshelfer: "Die Fusion findet ohne dich statt." Ich konnte es nicht glauben - aber er hatte recht. Einen Monat vor der Durchführung der Fusion war ich weg. Und es öffnete sich eine neue, phantastische Welt voller Musicalmusik für mich.

Jetzt kannst Du entscheiden

Du merkst schon: Es waren kleine und große Entscheidungen. Es gab jedoch viele Dinge, die nicht einfach zu entscheiden waren. Die Entscheidungen wurden allerdings sofort getroffen, und nur das war wichtig.

Pillo hat mir glaubhaft versichert, daß auch berühmte Persönlichkeiten seinen Entscheidungshelfer einsetzen. Sie haben ihn von ihm und anderen mit den letzten Geheimnissen vertrauten Personen bekommen.

Hast Du Dich schon einmal gefragt, wieso einige Menschen sehr große Dinge innerhalb kurzer Zeit und dann noch scheinbar aus einer Urlaubsstimmung heraus entscheiden? Sei sicher, diese Menschen hören auf eine Stimme, die in ihnen ist. Dazu kommt dann als Auslöser - ihr Entscheidungshelfer, wie auch immer der aussieht.

Was ist mit Dir? **Kannst Du dich immer einfach entscheiden?** Kennst Du das Geheimnis der Entscheidung? Weißt Du, warum es wichtig ist, sich zu entscheiden? Wieviel Zeit raubt Dir die eine oder andere Entscheidung? Wie viele Nächte denkst Du nach über diese und jene Wege? Jetzt kannst Du Dich entscheiden! Willst Du so weiter machen wie bisher - oder willst Du ab sofort den Entscheidungshelfer einsetzen?

Jetzt bist Du dran. Nimm die Siegel ab und öffne die letzte Seite zu Deinem neuen Weg. Oder wirf einfach dies Büchlein weg. So wie Du es machst, ist es okay. Es ist Dein Weg! Du entscheidest jetzt, was Du tun willst. Das hat nichts mit Pillo oder mir zu tun. Wir haben Dir nur beschrieben, was Du tun kannst.

Achtung

Erst öffnen,
wenn das ganze Buch durchgearbeitet ist.

Vorsicht:

Wer das Siegel vorher öffnet,
verdirbt sich vielleicht selbst den
Spaß an der Geschichte.

Der Entscheidungshelfer besteht aus

2 x 23 Bohnen.

Nimm die Bohnen in eine Hosen-, Rock-, Umhänge- oder Jackentasche. Wenn eine Entscheidung ansteht, nimm einfach eine unbekannte Anzahl der Bohnen in die Hand (natürlich ohne vorher die Anzahl zu beeinflussen - also nimm nie alle) und beginne zu zählen. Wenn Du eine gerade Anzahl Bohnen „zufällig" gegriffen hast, heißt die Entscheidung „ja", sonst eben „nein". Du kannst auch ohne zu zählen „arbeiten": Lasse die Bohnen durch die Hand gleiten und sage bei der ersten „nein", bei der zweiten „ja", usw. Du willst ein anderes Zählverfahren? Mache es, wie Du willst. Walzertakt? „Nein-ja-ja", auch eine Lösung. Nur mache es konsequent und akzeptiere die Antwort auf Deine klare **„Ja oder Nein"-Frage**. Die Fragestellung erfordert ein wenig Übung. Beginne doch mit kleinen Dingen. Die großen kommen dann von allein.

Das ist alles. Schreie nicht auf. Es ist so einfach! Teste es, tue es und laß es geschehen oder laß es bleiben.

Über Deine Erfahrungen würde ich gern etwas von Dir hören. Schreib mir einmal, wenn Du magst. Viel Spaß bei Deinen zukünftigen schnellen Entscheidungen. Sprich nicht mit jedem darüber, wie Du entscheidest. Nicht jeder versteht es, vielleicht verstehst Du es selbst manchmal nicht, aber viele werden Dich für Deine zukünftigen schnellen und sicheren Entscheidungen bewundern.

Viel Spaß mit oder ohne Entscheidungshelfer und alles Gute für Dein weiteres Leben.

Holger Jonas
c.o. **Ra-Verlag**
Hermann-Clausen-Straße 39
24837 Schleswig

Persönliche Notizen

Persönliche Notizen